AF357601

23 nov. 1861

CATALOGUE

D'UNE COLLECTION

DE

TABLEAUX ANCIENS

Des Écoles Italienne, Hollandaise, Flamande, Allemande
et Française,

PROVENANT DU CABINET DU PRINCE **KOMNEN**

DONT LA VENTE AURA LIEU

HOTEL DES COMMISSAIRES - PRISEURS

RUE DROUOT, 5

SALLE N° **7**

Le Samedi 23 Novembre 1861, à midi.

Par le ministère de **Me CHARLES PILLET**, Comm^{re}-Priseur,
11, rue de Choiseul,

Assisté de M. **DHIOS**, Expert, 33, rue Le Peletier,

Chez lequel se distribue le présent Catalogue.

EXPOSITION PUBLIQUE

Le VENDREDI 22 Novembre 1861, de midi à cinq heures.

PARIS

RENOU & MAULDE

IMPRIMEURS DE LA COMPAGNIE DES COMMISSAIRES-PRISEURS

RUE DE RIVOLI, 144

1861

[illegible handwritten annotation] 1278

CATALOGUE

D'UNE COLLECTION

DE

TABLEAUX

ANCIENS

Des Écoles Italienne, Hollandaise, Flamande, Allemande
et Française,

PROVENANT DU CABINET DU PRINCE **KOMNEN**

DONT LA VENTE AURA LIEU

HOTEL DES COMMISSAIRES - PRISEURS

RUE DROUOT, 5

SALLE N° 7

Le Samedi 23 Novembre 1861, à midi.

Par le ministère de M° **CHARLES PILLET,** Comm^re-Priseur,
11, rue de Choiseul,

Assisté de M. **DHIOS,** Expert, 33, rue Le Peletier,
Chez lequel se distribue le présent Catlogue.

EXPOSITION PUBLIQUE

Le VENDREDI 22 Novembre 1861, de midi à cinq heures.

PARIS

RENOU & MAULDE

IMPRIMEURS DE LA COMPAGNIE DES COMMISSAIRES-PRISEURS

RUE DE RIVOLI, 144

1861

CONDITIONS DE LA VENTE.

Elle sera faite au comptant.

Les acquéreurs paieront, en sus des adjudications, cinq pour cent applicables aux frais.

DÉSIGNATION

DES

TABLEAUX

CARAVAGE.

1 — Saint Jérôme.

ÉCOLE ALLEMANDE.

2 — Paysage avec baigneuses.

ZUCARELLI.

3 — Paysage orné de figures.

GUERCHIN.

4 — Saint Pierre.

REMBRANDT (école de).

5 — Portrait de Gustave-Adolphe, roi de Suède

ÉCOLE ITALIENNE.

6 — Sainte Famille.

ÉCOLE VÉNITIENNE.

7 — La Vierge assise sur un trône, tient l'Enfant
Jésus dans ses bras.

TITIEN (école du).

8 — Vénus entourée d'Amours.

CIGOLI.

9 — Le Christ mort.

GUIDO RÉNI.

10 — La Mort de Lucrèce.

ÉCOLE LOMBARDE.

11 — Portrait de femme.

SLINGELANT.

12 — La Ménagère.

ÉCOLE HOLLANDAISE.

13 — Objets divers et nature morte posés sur une
table.

MIÉRIS (genre de GUILLAUME).

14 — Le Pandour et sa mère.

BERTACCI.

15 — Sainte Famille.

DROOGSLOT.

16 — Fête de village.

BREUGHEL.

17 — La Tour de Babel.

GHIRARDINI.

18 — Famille d'artisans.

GUIDO RENI.

19 — Vierge en prière.

WEENIX (J.-B.).

20 — La Toilette des bergers.

WITH (Emmanuel de).

21 — Intérieur d'un Temple.

MICHEL-ANGE (d'après).

22 — Figure de la Nuit, d'après le monument de Florence.

BREUGHEL (le vieux).

23 — Les OEuvres de Miséricorde.

METZU (école de).

24 — Le Marchand de volailles.

WOUWERMANS (Pierre).

25 — Le Maréchal ferrant.

ÉCOLE VÉNITIENNE.

26 — Jésus et la Samaritaine.

ÉCOLE BOLOGNÈSE.

27 — Loth et ses filles.

ÉCOLE GOTHIQUE ITALIENNE.

28 — Le Christ et la Vierge.

LUCA GIORDANO.

29 — Neptune et Amphitrite.

DOW (école de Gérard).

30 — Ermite en prière.

DU MÊME.

31 — Même sujet.

MOUCHERON (Isaac).

32 — Bergers à la fontaine.

SALVATOR ROSA.

33 — Marine, tempête.

INCONNU.

34 — L'Oiseau de proie.

ÉCOLE ITALIENNE.

35 — La Vierge en prière près du Christ mort.

ÉCOLE HOLLANDAISE.

36 — Deux musiciens.

HOLBEIN (LE VIEUX).

37 — Portrait d'homme, avec blason derrière le panneau.

ÉCOLE ALLEMANDE.

38 — La Reine de Sabah aux pieds de Salomon.

HUYSMANS DE MALINES.

39 — Paysage orné de figures.

VAN DER MEULEN (école de).

40 — Bataille.

CRANACK (LUCA).

41 — Portrait d'une femme couchée.

ÉCOLE FRANÇAISE.

42 — Les Castagnettes.

FRANCK.

43 — Buste de Diane.

PORBUS (attribué à).

44 — Portrait de femme.

ÉCOLE ITALIENNE.

45 — La Vierge implorant le Seigneur pour des ma-
lades.

KUNTZ.

46 — Petit paysage avec figures et animaux.

ELZEIMER.

47 — Petit paysage.

STEEN (Signé).

48 — Fumeurs.

VAN FALENS.

49 — Bords de la mer.

ZAFT LEEVEN.

50 — Vues des bords du Rhin (deux pendants).

D. KOENONGH.

51 — Coqs et canards (deux pendants).

BOUT (Pierre).

52 — Marché aux poissons et entrée d'un village (deux pendants).

QUERFURTH.

53 — Le Maréchal ferrant et une Marche militaire (deux pendants).

ROMBOUTS.

54 — Vue d'un village.

J. W., signé (genre Winants).

55 — Grand paysage avec marche d'animaux.

J. VAN HUYSUM (genre de).

56 — Paysage.

LUNDENS.

57 — Cabaret flamand.

H. ROOS.

58 — Paysage.

B. LUTTI.

59 — Son portrait.

PORBUS.

60 — Portrait de Charles Ier.

INCONNU.

61 — Marine.

BONAVENTURE PETEERS.

62 — Marine

VERBRUGHEN.

63 — Vase de fleurs.

VAN DE VELDE (père).

64 — Marine. (Grisaille.)

PALAMÈDES.

65 — Bataille de cavalerie.

LACROIX.

66 — Marine.

G. P. (1690, signé).

67 — Marine (2 pendants).

MONY.

68 — Une Cuisinière.

ANGELICA KAUFMAN.

69 — Portrait de l'artiste.

BURGKMAER.

70 — Le Christ couronné d'épines.

A. VAN DER WERF.

71 — Loth et ses filles.

TINTORET (genre de)

72 — Le Massacre des Innocents.

B. LUTTI.

72 bis — La Vierge et l'Enfant Jésus.

ÉCOLE HOLLANDAISE.

73 — Marine.

HAMILTON.

74 — Une Perdrix, un Nid et un Vase.

ÉCOLE ITALIENNE.

75 — La Vierge entourée d'anges.

MIÉRIS (attribué à)

76 — La Joueuse de guitare.

ECOLE HOLLANDAISE.

77 — Portrait d'une dame tenant une plume.

TÉNIERS (école de).

78 — Paysages (2 pendants).

ECOLE ITALIENNE.

79 — Sainte Famille.

EGLON VAN DER NEER.

80 — Jeune Femme montrant une bourse.

ÉCOLE DE SALVATOR.

81 — Une Tempête.

CAMPUYSEN.

82 — Vaches et Chèvres au repos.

ÉCOLE DU POUSSIN.

83 — Une Noce des temps antiques.

POUSSIN (école).

84 — Moïse frappant le rocher.

C. MARATTI.

85 — La Vierge et Jésus endormi.

J. KOBEL.

86 — Marche d'animaux.

TIÉPOLO.

87 — Le Sacrifice d'Abraham.

HOLBEIN (école)

88 — Conversation galante.

F. FRANCK.

89 — La Vérité écrasant le serpent.

CUYP (signé).

90 — La Plage. *Schewlingh.*

HACKAERT.

91 — Paysage avec attaque de soldats.

ALTDORFFER.

92 — Portrait de l'artiste.

ÉCOLE ESPAGNOLE.

93 — Têtes de vieillards (2 pendants).

SCHWARTZ.

94 — Entrée de l'enfer et du paradis (2 pendants).

FRANCK (le jeune).

95 — L'Adoration des Mages.

FRANCK RUBENS.

96 — La Femme adultère.

ÉCOLE ITALIENNE.

97 — Allégorie de la vie.

L. CRANACK (1518).

98 — Saint Joachim.

ÉCOLE ITALIENNE.

99 — Vase de fleurs.

ÉCOLE FRANÇAISE.

100 — Le Menuet.

PLATZER.

101 — Bacchantes couronnant Bacchus

CRANACK.

102 — Mort de Lucrèce.

DU MÊME.

103 — Même sujet.

INCONNU.

104 — Saint Jérome (peinture sur agate).

ÉCOLE HOLLANDAISE.

105 — Le Couple amoureux.

ÉCOLE HOLLANDAISE.

106 — Deux Vieillards.

ÉCOLE ITALIENNE.

107 — Tête de Christ.

L. CARRACHE.

108 — Saint Jean-Baptiste.

ÉCOLE ALLEMANDE.

109 — Portrait d'homme.

ROTTENHAMER.

110 — Diane et les Nymphes surprises par Actéon.

DIAZ (attribué à M.).

111 — Famille dans un bois. Esquisse.

ÉCOLE MODERNE.

112 — Tête de jeune fille.

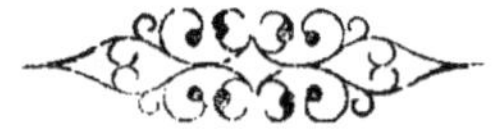

RENOU et MAULDE, imprimeurs de la Compagnie des Commissaires-Priseurs,
rue de Rivoli, 144.   7462

56 — 115. intérieur de [illegible]

120 — [illegible]